D1730283

Franz-Xaver Jans-Scheidegger

Worte – geboren aus Schweigen

FRANZ-XAVER
JANS-SCHEIDEGGER

Worte – geboren aus Schweigen

Wegweiser in die Kontemplation

Mit Bildern von
Susan Herrmann-Csomor

KÖSEL

ISBN 3-466-36594-5
© 2002 by Kösel-Verlag GmbH & Co., München
Printed in Germany. Alle Rechte vorbehalten
Druck und Bindung: Kösel, Kempten
Umschlag: Kaselow Design, München
Umschlagmotiv: »Licht in die Ranft«. Foto: Tony White

*Gedruckt auf umweltfreundlich hergestelltem Spezialoffset-Papier
(säurefrei und chlorfrei gebleicht)*

Für alle,
die auf dem Weg der Kontemplation
Berührung suchen.

INHALT

Einleitung

Eine Gruppe junger Erwachsener lud mich vor 25 Jahren zu einem Abendgespräch ein. Es ging um Fragen religiöser Erfahrung in der Hektik der Alltagssituation. Es waren Menschen, deren Eifer – zehn Jahre nach dem 1968er Aufbruch – einer gewissen Ernüchterung weichen musste. Sie suchten neue Impulse für ihr Leben und kamen sehr schnell zur »Sache«. Sie fragten mich: »Was tust du, wenn du meditierst?« Ebenso prompt kam meine Antwort: »Ich schweige und lausche!« – »Und dann?« – »Dann suche ich eine Spur, wie ich das Erlauschte in meinem Alltag umsetze.« – Es entwickelte sich ein intensives Gespräch, wie persönliche Spiritualität und Alltag so in Einklang gebracht werden können, dass beide Bereiche nicht auf zwei verschiedenen Geleisen fahren, sondern sich gegenseitig kreativ befruchten. Dieses Gespräch wiederholte sich öfter in Varianten mit den verschiedensten Gruppen von Menschen aller Altersstufen.

Es bewegte mich immer stärker die Frage: »Wie verdichtet sich Erfahrung in Worttexte, welche in eine Wirklichkeit hineinleuchten, die hinter den Worten aufscheint?« So schrieb ich nieder, was ich in mir nach dem Aufstehen von meinem Meditationskissen hörte, bewegte es erneut zehn Jahre bei meinen täglichen

Aufgaben. Dann begann ich einzelne Texte als Tages-
impulse verschiedenen Gruppen in kontemplativen
Vertiefungszeiten mit auf den Weg zu geben. Immer
häufiger wurde ich eingeladen, diese Betrachtungs-
worte als Wegweisung weiterzugeben. Ich habe die
Geduld vieler Menschen strapaziert, weil ich so oft
versprach, dass diese Texte »einmal« publiziert werden.
Aber eben, auf dem kontemplativen Weg lässt sich
nichts über das Knie brechen...

Alle Texteinheiten sind in den Schweigezeiten während kontemplativer Übungstage entstanden und
dienten als Sammlungsimpuls und Losung für den
entsprechenden Tag. Als Wortspuren in die Kontemplation laden Sie zum betrachtenden Innehalten ein.
Das Schweigen gebiert das Wort, und das Wort ermuntert uns zum Lauschen. Worte fangen die Wirklichkeit
bruchstückhaft ein. Sie sind Momentaufnahmen, die
das Gemeinte auszusprechen versuchen. Sie sind wie
die Farben des Regenbogens, der vom Licht kündet,
das hinter den Farben strahlt. Die Erfahrung in der
Kontemplation lässt sich nur in Analogien ausspre-
chen. Deswegen ist mystische Sprache immer auch
staunende Sprache. Die Texteinheiten können einen
Leitfaden für den persönlichen kontemplativen Weg
bilden, wenn jemand offen ist, die Worte im Sinnzu-
sammenhang des eigenen Lebens zu betrachten und
sich von ihrem inneren Gehalt wandeln zu lassen. So-
mit helfen die Texte sowohl AnfängerInnen als Einstieg
in die Kontemplation als auch zur Vertiefung des
Weges Personen, welche mit dem Weg schon länger
vertraut sind.

Der kontemplative Zustand bedeutet Einssein mit dem göttlichen Geheimnis im gleichen Raum (con – templum: con = zusammen, in eins; templum = umfriedeter Bezirk, Raum, Tempel). Das ist erst einmal ein bild- und sprachloses Geschehen, ein reines Ergriffensein vom Mysterium, vom Quellgrund des Lebens. Gewissheit stellt sich ein, dass der Bund mit dem Urgrund der Schöpfung für alle Zeiten bedingungslos gilt. Diese Erfahrung betonen die spirituellen Wege der Menschheitsgeschichte durch alle Zeitalter immer wieder; sie ist besonders in der jüdisch-christlichen Tradition lebendig. Wenn dies einem Menschen widerfährt, kann er vielleicht nur noch stammeln: »Gott, DU in mir, ich in DIR!«, um anschließend in Sprachlosigkeit zu fallen, denn in der mystischen Erfahrung sind Diesseits und Jenseits, Sakrales und Profanes nicht getrennt. »Erwacht« er aus dieser Atmosphäre, erhalten die persönliche Erfahrung des Lebens und der Schöpfung und das Alltagsgeschehen neue Akzente. Die Worte aus den religiösen Traditionen tönen anders in den Ohren und berühren die Kernmitte des Menschen auf eine bisher unbekannte Weise. Frau und Mann erkennen und entdecken, dass in ihnen ein Lebenshauch, ein Lebensfunken, ein Lebensatem lebendig ist – in sich etwas Unaussprechliches. Dies kommt dem göttlichen Mysterium nahe, das im eigenen Erleben des Alltages erfahrbar wird und an die uralte biblische Botschaft »Du MEIN Ebenbild« (vgl. Buch Genesis 1,26 ff.) erinnert.

Die vorliegenden Texte sind aus solcher Berührung entstanden und laden zum Verweilen und zum Nachlauschen ein. Sie sind besonders von jener mystischen Tradition des Abendlandes in ihrer mantrischen Form geprägt, die uns als *Hesychasmus*, als Gebet der Ruhe und als Herzensgebet überliefert ist. In dieser kontemplativen Meditation vertieft sich der/die Übende in einen Satz, in ein Wort aus den Heiligen Schriften bis er/sie in seinem ganzen Wesen (in seiner Kernmitte) davon ergriffen ist und darin zur »Ruhe« des Herzens findet (hesychia = Ruhe). Diese prägt jene Geborgenheit, welche als bergende Liebe in der Erfahrung der Barmherzigkeit erlebbar wird. Solche Ruhe hat wandelnde und heilende Wirkung. Sie sammelt das Alltagsbewusstsein auf einer umfassenden Ebene, die alle Lebensbereiche einschließt und in eine veränderte Mitverantwortung für Menschen, Tiere, Pflanzen und die gesamte Natur führt.

Wie mit den einzelnen Texten umgegangen werden kann, will ich an einem Beispiel erörtern. Die Schriftstellen aus der Frohbotschaft der jüdisch-christlichen Tradition, auf die exemplarisch verwiesen wird, dienen zur Anreicherung und Vertiefung der jeweiligen Aussagen. Sie öffnen Perspektiven für den Klärungs- und Reinigungsweg (vgl. *via purgativa*) im täglichen Vollzug und weiten die Einsicht in die spirituellen Zusammenhänge (vgl. *via illuminativa*). Sie können weggelassen oder zu einem späteren Zeitpunkt herangezogen werden. Es haben sich für die Betrachtung der Texteinheiten drei Weisen als besonders hilfreich:

1. Lesen sie zuerst betrachtend die ganze Texteinheit und verweilen sie anschließend bei jeder
Zeile solange, wie diese zu ihnen spricht. Ach-
ten sie sehr sorgfältig darauf, was sie berührt.

2. Betrachten sie verweilend ein Wort oder jede
Zeile solange, bis sie den Inhalt entsprechend
ihrer momentanen Gestimmtheit ausge-
schöpft haben.

3. Verweilen sie während des ganzen Tages in der
inneren Atmosphäre des Textes und lassen sie
sich immer wieder neu befruchten, wenn sie
in die Worte hineinlauschen.

Der Text ist stets so angeordnet, dass jede Zeile als Be-
trachtungsimpuls dienen kann.

An einem exemplarischen Textbeispiel können Sie nun
entdecken, was hilfreich ist, um Ihre Betrachtungen zu
vertiefen:

1: *Auch so spricht das göttliche Geheimnis*
zum Menschen, zu dir, zu mir:

2 Oh Mensch,
3 das grundlegend Gute in dir
4 ist MEIN Wort,
5 das im Kern deines Wesens Klang
geworden ist.

6 Diese Veranlagung in dir ist zu unendlicher
Entwicklung fähig.
7 Also vergiss nicht zu lauschen.
8 In der Stille wirst du MEINEN Ton hören
9 und kannst einstimmen,
10 du, MEIN Ebenbild.

1 Die Einleitung zu jeder Texteinheit bleibt sich immer gleich, kann aber auch individuell abgeändert
werden, je nachdem, wie sich jemand innerlich angesprochen fühlt. Z.B.: »*Auch so spricht Gott zum
Menschen*«.
Oder: »*Auch so spricht das göttliche Mysterium zum
Menschen*«.
Oder: »*Auch so spricht die göttliche Weisheit zum Menschen*«.
Dies gilt für jede Einleitungsformel, die jemand für
sich wählt. Sie sollte von jener Erfahrung geprägt
sein, in der ein Mensch vom göttlichen Mysterium
in seinem bisherigen Leben immer wieder neu
berührt wurde und wird. Entdecken Sie für sich,
was Ihnen entspricht und für Sie gilt. (Vgl. Gen
1,3.6.9.11.14; Ps 17,2; Ps 33,9)

2 Ich, als Mensch, bin angesprochen. – Wer und wie
bin ich, wenn ich sage: »Ich bin ein Mensch?« – Wer
spricht mich an? – Wie tönt dieses »Oh Mensch!« in
mir? – Was geschieht in mir, wenn ich wahrnehme
(d.h.: es für Wahrheit nehme), dass mich das göttliche Geheimnis anspricht? – Kann ich es urteilsfrei
annehmen, dass sich das göttliche Mysterium viel-
fältig offenbart und in immer neuen Sprachen und

Formen an uns Menschen herantritt, unabhängig davon, ob dies in der theologischen, philosophischen Reflexion, im Blick durch das Elektronenmikroskop oder im Fragen der Quantenphysik geschieht? (Vgl. Gen 5,2; Ex 3,2ff.; Ps 8,5; Mt 9,8; Joh 7,46)

3 Was ist »Grund-legend« »gut« in mir? – Ist es der »Urstaub«, aus dem ich geschaffen bin? – Ist es der »Lebenshauch«, der »Lebensimpuls«, der in mir strömt? – Was nehme ich als »grundlegend gut« in mir wahr? – Wie lebe ich, wenn ich »grundlegend gut« bin? (Vgl. Gen 1,4.10.12.18. 21.25.31; Ps 118,8; Mt 12,35; Röm 2,10; 1Tim 4,4; 3 Joh 11)

4 »Im Uranfang ist das Wort (der Klang, der Laut, der Ton). – Dieser Uranfang ist Gott (das Göttliche, das göttliche Mysterium), ... ist Licht, ... ist Leben, ... ist Wahrheit, ... ist Weg, ... ist lebendiges Wasser, ... ist Frieden, ... ist Hauch, ... ist ...« Das Wort wird aus dem Schweigen geboren. (Vgl. Dtm 18,18; 2 Sam 7,28; Ps 93,5; 56,5.11; Jes 40,8; Jer 1,9; 29,10; Mt 4,4; 24,35; Lk 4,4; 8,21; Joh 1,1ff.; 5,24; 6,68; 15,3; 17,17; Phil 2,16; 1 Thess 2,113; Kol 4,3; Hebr 11,13; 1 Joh 1,1; Offb 19,13)

5 Der Kern meines Wesens ist geschöpft aus der zeugenden und bergenden Schöpfungskraft. In diesem Kern bin ich einmalig und kostbar, unverwechselbar bei meinem Namen gerufen, unabhängig davon, wie ich mein Leben lebe. Wie gebe ich Antwort, wie töne ich zurück, wie gebe ich Resonanz mit meiner

ganzen Existenz, so wie ich auch in meinem ganzen Sein bejaht bin? (Vgl. Ex 33,12; Jes 43,1; 62,2; Lk 10,20)

6 Wie gebe ich dem göttlichen Leben in mir Entfaltungsmöglichkeiten? Ich bin eingeladen, dieses in Raum und Zeit zu gestalten und zu formen. Dazu ist mir alle Freiheit geschenkt. Wie, wann und wo nutze ich sie? Was hindert mich und was fördert mich, diesem Geheimnis in mir zu dienen? Kann ich staunend in mir und um mich herum wahrnehmen, wie mein Begnadetsein im Alltag wirkt? Gebe ich meinen Fähigkeiten unbefangen und urteilsfrei die Möglichkeit, nach bestem Wissen aktiv zu werden? (Vgl. Gen 2,7; Ps 16,11; 27,1; Spr 8,35; 14,30; Jer 21,8; Lk 21,19; Joh 14,6; 20,31 // 2 Sam 7,15; Ps 84,12; 100,5; 103,4; 108,5; 130,7; Jes 54,10; 60,10; Lk 1,30; Joh 1,16; 1 Kor 15,10; 2 Kor 12,9; 1 Petr 1,13; 2,10; 2 Petr 3,18 // Röm 8,21; 2 Kol 3,17; Gal 2,4)

7 Die göttliche Weisheit hört nie auf zu werben. Die Antwort auf die Einladung zu hören, zu lauschen, lässt alle Ego-Ansprüche zurücktreten. Es vollzieht sich eine Rückkehr in den Urzustand, aus dem das Wort und aus diesem die Tat geboren wird. (Vgl. Dtn 6,4; 1 Sam 3,9; Ps 51,10; 85,9; 95,7; 115,6; 143,8; Jes 50,4; Ez 1,28; 3,17; 2 Sam 7,11; Mt 7,24; 13,15.16f.; Mk 8,18; Lk 8,21; 9,56; 11,28; Joh 5,24; 8,47; 16,13; 18,37; Offb 3,20 // Ps 51,8; Spr 2,6; Lk 15,11ff.; Apg 6,10)

8 Die Stille wird von außen geschaffen, die Ruhe wächst von innen. Beide sind kommunizierende Gefäße, die in den Ursprung der Raum- und Zeitlosigkeit zurückführen, in dem der Klang »Es werde!« ertönt. Ich bin eingeladen, mich in diesen Raum des Unbedingten freizugeben. (Vgl. Ps 37,7; 46,11; 55,19; 131,2; Jes 32,17; 63,14; Jer 6,16; 1 Tim 4,11; Offb 8,1)

9 Einstimmen bedeutet in Resonanz mit dem göttlichen Geheimnis treten, mit schwebender Aufmerksamkeit entdecken, wie und wo das Bedingungslose im eigenen Leben aufleuchtet und mit meinem empirischen Ich Einklang sucht und findet. Es ist die Erfahrung der Barmherzigkeit und des Geborgenseins im Urgrund des göttlichen Lebens. In diesem Sich-Loslassen und Sich-Freigeben in die bergende Liebe geschieht Hingabe, die aus dem Bewusstsein der Würde des Menschen entsteht. (Vgl. Num 14,18; Dtn 4,31; 7,9; Nem 9,17; Ps 25,6; 69,17; 78,38; 103,4.8.13; 116,5 145,8; Jes 49,1; 54,7f.; Jer 9,23; 12,15; 31,20; 33,26; 42,12; Jona 4,2; Klgl 3,22; 39,25; Dan 9,9.18; Mt 5,7; Mk 5,19; Lk 1,50.54.58.72.78; 6,36; Joh 15,4f. 7; Röm 15,9; 2 Kol 1,3; Eph 2,4; 1 Tim 1,2; Hebr 4,16; 3; Jak 5,11; 2 Joh 3; Jud 2.21)

10 Wie bin ich Spiegelbild des göttlichen Geheimnisses, »IHM ähnlich, IHM gleich«, wie uns das Buch Genesis verkündet? Bin ich eine Tochter, ein Sohn Gottes, wie uns Jesus würdigt? Die Zusage Gottes gilt durch alle Zeiten, dass jeder und jede von uns

ein Ebenbild Gottes ist und bleibt. (Vgl. Gen 1,27; Ps 17,15; Joh 1,12; 1 Kor 11,7; 2 Kor 3,18; Jak 3,9; 1 Joh 3,2; Offb 21,7)

Dies stellt also einen möglichen Weg dar, wie mit einer Texteinheit umgegangen werden kann. Jede(r) Betrachtende wird die eigene Art der persönlichen Berührung in kontemplativer Erfahrung entdecken. Führen Sie parallel Ihr spirituelles Tagebuch und schreiben Sie Ihre Betrachtungen nieder, oder wie sich in Ihnen die vorliegende Version dieser Wegweiser in die Kontemplation zur persönlichen Form wandelt.

Die Texte eignen sich – das sei abschließend besonders vorgeschlagen – auch für spirituelle Gespräche in Gruppen, die zusammen den kontemplativen Weg gehen als Einstieg in gemeinsame Gespräche.

6. August 2001
Franz-Xaver Jans-Scheidegger

Wort – Ton – Klang

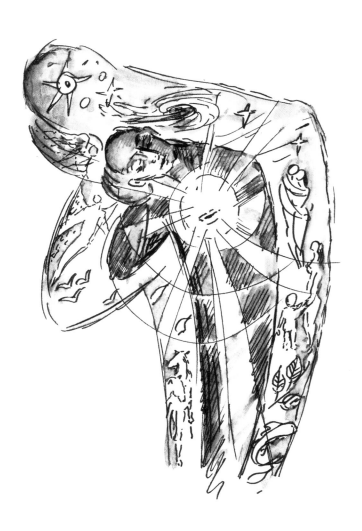

Auch so spricht das göttliche Geheimnis
zu dir, zu mir:

Oh Mensch,
das grundlegend Gute in dir
ist MEIN Wort,
das im Kern deines Wesens Klang geworden ist.
Diese Veranlagung in dir ist zu unendlicher
Entwicklung fähig.
Also vergiss nicht zu lauschen.
In der Stille wirst du MEINEN Ton hören
und kannst einstimmen,
du, MEIN Ebenbild.

Bilde eine Brücke zu deiner Schwester,
zu deinem Bruder
und empfange das Geschenk der Begegnung. –
Geschieht sie aus dem Herzensgrund,
so offenbart sich in diesem Zusammen
Ein-Klang. –
Wage dich auf den Verbindungsbogen und
stimme ein.
So wirst du den Gleich-Klang
im einen Ur-Klang des Wortes hören,
du, MEIN Ebenbild!

Sei still und lausche!
Höre auf den Klang MEINER Stimme,
wenn ICH dich bei deinem Namen rufe.
Erkennst du den Unterschied zwischen deinem Klang
und MEINEM Klang?
Hast du ihn erlauscht,
kannst du MICH finden
und dich berühren lassen,
du, MEIN Ebenbild.

Kostbar und einmalig habe ICH dich geschaffen.
ICH durchwirke dich mit MEINER Weisheit.
Du atmest Reinheit aus MIR.
Wie schön bist du, oh Mensch,
geschmückt mit allen Reichtümern der
ursprünglichen Erde.
Ihr Klang gibt dir den Namen
und spiegelt im Echo deines Wesens
MEINE göttliche Kraft.
Was antwortest du MIR,
wenn ICH, dein GOTT, dich bei deinem Namen rufe
und dich im Uranfang MEINES ersten Wortes betone?
Lausche,
du, MEIN Ebenbild.

Freue dich,
wenn ICH dir fraglich bin.
Solange du nach MIR fragst,
bist du MIR ganz nahe.
Es ist nicht nötig,
dass du MICH begreifst.
Erspüre MICH in der Atmosphäre des Lebens.
Im Puls der Schöpfung offenbart sich dein Leben
in MEINEM Leben.
Sein Klang erfüllt dich in deinem Herzenswort
und du drückst aus,
was seit Urbeginn angetönt ist,
du, MEIN Ebenbild.

Der Klang MEINES Wortes
durchtönt dein Wesen.
In jedem Augenblick
kannst du mir Antwort geben.
ICH gebe dir alle Zeit,
den richtigen Ton zu finden,
dass er sich einfügt
in die Harmonie MEINER Schöpfung.
Du darfst so einstimmen,
wie das Instrument deiner Seele abgestimmt ist.
ICH, dein GOTT,
lausche dem Klang
deiner Schönheit,
so wie du aufleuchtest
im Lichte der Morgenröte,
du, MEIN Ebenbild.

Was suchst du Worte,
wenn du über MEIN göttliches Geheimnis in dir
sprechen willst.
MEIN Wirken strömt durch die Worte hindurch,
in denen du MEINE Wirklichkeit umschreibst.
Nennst du MEIN göttliches Geheimnis
»Vater«, »Mutter«.
Oder kennst du auch alle Namen,
in denen ICH, dein Gott,
in allen Heiligen Schriften der Völker
gepriesen werde,
lausche durch den Klang der Worte
und du wirst MIR begegnen!
Lasse dich überraschen,
du, MEIN Ebenbild.

Wenn MEINE göttliche Weisheit
sich einsenkt als Lichtstrahl
in dein Leben,
steht der Fluss der Zeit still.
Ewigkeit berührt dich als Gegenwart
im Urklang MEINES ersten Schöpfungswortes.
Du bist eingeladen,
mit deinem Ton einzustimmen
und dem Uranfang in deinem Klang
Ausdruck zu geben.
Freue dich
und erfülle die ganze Erde
mit deinem Gesang
im Ein-Klang mit deinen Schwestern und Brüdern,
du, MEIN Ebenbild.

Oh Mensch,
spürst du MEINE Berührung
im Wort deines Herzens?
Sein Klang ist die Stimme MEINES Liebes-
bündnisses mit dir.
Erlausche die Melodie MEINER Innigkeit
und stimme ein in den Gesang des ganzen Kosmos,
der im ersten Ton deines »Ja« aus der Fülle
der Schöpfung singt.
ICH, deine Gottheit, freue mich auf
deine Antwort-Melodie!
Worauf wartest du,
du, MEIN Ebenbild?

Kostbar und einmalig habe ICH dich geschaffen
und rufe dich bei deinem Namen.
Lausche,
wie MEIN Ruf in dir tönt.
In MEINEM Klang
werde ich dir zu Eigentum,
in deinem Antwortgesang
empfange ICH dich zurück.
Nennst du MEINEN göttlichen Namen,
begegne ich MIR in dir.
ICH lausche auf das Echo in dir,
um deinen Ton in MIR zu bergen,
du, MEIN Ebenbild.

Oh Mensch,
spürst du, wie MEIN Wort in deinem Wort ruht?
ICH durchtöne deine Sprache von Anfang an
mit MEINEM Klang.
Du wirst klang-voll aus MIR.
Dein Schweigen sucht MICH,
damit ICH sprechen kann.
ICH, deine Gottheit, erwarte deine Antwort,
dass ICH sie mit MEINEM Ton erfüllen darf.
Wie ertönt der Echo-Gesang im Raume deiner Seele,
in der Belebung deines Herzens?
Lausche,
du, MEIN Ebenbild.

Bedenke, ob du nun isst oder trinkst,
sitzt oder dienst,
unterwegs bist oder irgendetwas tust,
singe oder lobpreise
ohne Unterbrechung
MEINEN göttlichen Namen
in deinem Herzen,
sodass dein Herz die göttliche Weisheit austrinke
und die göttliche Weisheit dein Herz.
So werden zwei in einem.
Koste und staune,
du, MEIN Ebenbild.

Wenn dein Herzenswort
noch nicht zum Klingen gekommen ist,
spüre in deine Kehle
und forme ein Wort der Freude,
der Hingabe
oder des Vertrauens.
Sprich es laut, leise vor dich hin
und höre nur in seinen Klang.
Langsam komme ins Lauschen
auf den Klang hinter dem Wort
und du entdeckst,
dass du an der Pforte deines Herzens stehst.
Dort erwartet dich MEINE göttliche Weisheit.
Ist es noch immer das gleiche Wort?
Lausche,
du, MEIN Ebenbild.

Lausch in die Räume
hinter den Klängen.
Du findest dort die Spuren
in die Worte MEINER göttlichen Weisheit.
Stimme ein in die Melodien
und lasse dich ergreifen von MEINEM Ton,
der dich mit MIR verbindet
seit Urbeginn der Schöpfung.
ICH warte auf dich,
du, MEIN Ebenbild.

Licht

Oh Mensch,
empfange die Kraft MEINES Lichtes.
Lasse dich durchstrahlen von MEINER Wärme.
Gibst du dich frei in MEINE Geborgenheit,
klärt sich alles,
verklärt sich alles im Geheimnis Jeschua.
Ist es finster in dir,
wisse, dass die Dunkelheit das Licht nie ergreift.
Die Dunkelheit gibt dem Licht die Konturen
in allen Regenbogenfarben.
ICH berge dich im Spiegel der Daseinsfarben.
Du darfst wählen,
du, MEIN Ebenbild!

Was suchst du?
ICH bin da,
auch wenn du MICH nie fassen kannst.
Berührt dich ein Strahl MEINES Lichtes,
so leuchtet eine ganze Sonne im Blickpunkt
deines Schauens.
Wie kannst du so MEINEN Strahl noch
unterscheiden.
Verwechsle MICH nie mit der Sonne,
die du schaust,
aber vergiss nicht,
dass MEIN Licht die Sonne erfüllt,
und dass ein Strahl MEINES Lichtes
auch in der Mitte deines Herzens als Sonne
aufleuchtet.
Schaue und verweile in MEINEM Lichte,
du, MEIN Ebenbild!

MEINE Gegenwart füllt den Raum deines Leibes.
MEIN Lebenshauch durchströmt
alle Dimensionen deines Mensch-Seins.
Freue dich!
Dir, oh Mensch, ist es geschenkt,
aus der Fülle MEINES Lichtes zu strahlen
und die ganze Schöpfung zu erhellen.
Was wartest du auf den richtigen Augenblick.
Dieser ist jetzt in der Kraft MEINES Wortes.
Gib Antwort mit deinem Herzenswort,
du, MEIN Ebenbild.

ICH leuchte auf als Licht der Sonne,
ICH leuchte auf als Licht in dir.
Du bist kostbar in MEINER Durchlichtung,
leuchtender Staub,
wesensgleich mit allem,
was Staub ist.
Du bist geschwisterlich verbunden mit
jedem Atomkern,
mit jeder Bewegung des Windes,
mit allen Klängen des fließenden Wassers,
mit der belebenden Wärme des Feuers. –
Oh Mensch,
Winzling in Raum und Zeit,
ahnst du,
wer du wirklich bist,
du, MEIN Ebenbild?

Oh Mensch,
kostbar und einmalig habe ICH dich geschaffen.
Schöpfe aus MEINER Mitte
lebendige Kraft,
damit das Geheimnis MEINER Liebe
durch dich sichtbar wird.
Lass MEINE Berührung in dir Gestalt werden.
So kann das Licht des Anfangs in dir aufleuchten.
Öffne dich jetzt,
du, MEIN Ebenbild.

ICH scheide Licht und Finsternis.
Du darfst wählen.
Das eine gibt dem anderen die Konturen,
damit du Weg, Wahrheit, Leben erkennst
und zurückfindest
in den bedingungslosen Frieden
MEINER Herrlichkeit,
du, MEIN Ebenbild.

ICH bin das Licht der Schöpfung,
ICH bin das Licht deines Herzens.
Schöpfe aus der Fülle MEINES Lichtes
und lasse es in die ganze Welt hinein strahlen.
Öffne dich der Wärme deines Bruders und
deiner Schwester,
damit sie deine Krusten aufweichen,
du, MEIN Ebenbild.

Weg, Wahrheit, Leben, Liebe
leuchtet auf als Licht in dir.
Lass dich von diesem Licht in dir leiten.
Du brauchst weder nach links
noch nach rechts zu sehen.
Richte deine Augen auf das Ziel.
Schaue und verweile! –
Auf deinem Weg zu diesem Ziel ist rechts
und links enthalten.
Danke dafür,
dass du jetzt auf der Erde bist
und für das Licht arbeiten darfst.
Du hast deine Aufgabe.
Was zögerst du, diese deine Gabe zu erkennen,
du, MEIN Ebenbild!

Oh Mensch,
siehst du den Blitz in der Nacht,
der den Horizont augenblickshaft aufleuchten lässt?
Hast du deinen Horizont entdeckt?
Ohne Finsternis erkennst du keine Konturen
in MEINEM göttlichen Lichte.
ICH öffne deine Augen in der Nacht,
ohne die Nacht zu vertreiben.
ICH erhelle sie,
damit du sehend wirst,
du, MEIN Ebenbild.

Die Phasen deines Lebens sind Lichtfunken
im kosmischen Spiel MEINER göttlichen Liebe.
Hell und dunkel durchmischen sich,
damit du dich wandelst
im Fluss MEINES Lebensstromes.
Du tauchst auf und tauchst unter
im Soge MEINER Gnade.
Merkst du, wie schön du aufblühst
im Hauche MEINER Geisteinwirkung,
und wie zart dich MEINE göttliche Weisheit berührt
in MEINER Barmherzigkeit?
Freue dich,
du, MEIN Ebenbild.

Spürst du den Lichtkeim in deiner Mitte?
Licht von MEINEM Lichte!
Tritt im Blitz der Auferweckung
aus der Umnachtung deiner Seele
und freue dich an den Umarmungen
MEINER göttlichen Liebe,
du, MEIN Ebenbild.

Siehst du, oh Mensch, die Sonne am Tag,
die Sterne in der Nacht?
Sie blinken dir zu.
Sie fragen nicht nach deiner Lage,
verströmen ihr Licht aus sich heraus.
Was macht der Strahl
auf deinem blickenden Auge?
Blinzelst du zurück,
wenn er dich berührt,
und MICH mit dir verbindet,
du, MEIN Ebenbild.

Lebenshauch – Lebensatem

Was immer du siehst,
schaue hindurch mit deinem Herzensauge. –
Was immer du hörst,
lausche hindurch mit deinem Herzensohr,
so wird dich MEINE Wahrheit erreichen
und du hörst MEINE sanfte Stimme,
die allen äußeren Lärm durchdringt.
Bist du stille,
jubelt dein Herz in MEINER Geborgenheit.
Bist du ausgerichtet,
findest du Einheit mit MIR.
Bist du dienmütig,
bricht dich keine Gewalt.
Bist du geduldig,
kommt dir das Ziel entgegen.
Lass MEINEN göttlichen Atem durch dich strömen
zu allem und zu allen,
so bleibt MEINE Liebe durch dich am fließen.
Beginne jetzt,
du, MEIN Ebenbild!

Oh Mensch,
du bewegst dich in MEINEM Hauch
und merkst nicht,
wie du gleichzeitig in MEINEM Odem ruhst.
Aus welchem Quellgrund schöpfst du,
nachdem du ausgeatmet hast
und verstummst.
ICH lausche auf den Klang deiner Antwort,
um dir im Zwischenraum des Ein und Aus
zu begegnen.
Atme neu,
du, MEIN Ebenbild.

ICH wiege dich
im Strom MEINES Lebenshauches.
Ruhe dich aus im Tal MEINER Wogen.
So kann ICH dich mit MEINER nächsten
Welle erheben
aus deinen Niederungen.
Du wirst erkennen,
dass MEINE Heilige Geistkraft dich durchflutet
und dir in diesem Auf und Ab eine neue
Richtung weist.
So wirst du erleben,
dass du in jedem Augenblick
im Hauche MEINES Atems liebevoll geborgen bist,
du, MEIN Ebenbild.

Geheimnis! –
ICH habe dich geformt
im Klang MEINES Wortes
und gab deinem Schatten Konturen
in MEINEM Licht.
Werde Mensch
im Hauch MEINES Atems,
dass du zur vollen Blüte und Schönheit
MEINER Ebenbildlichkeit erwachst,
du, MEIN Ebenbild.

Geheimnis!
In jedem Augenblick atme ICH MICH
in die Schöpfung hinein aus.
Du atmest MICH ein.
Spürst du, wie du in MEINEM Hauch vergöttlicht
wirst?
Oh Mensch,
du kannst MICH nicht festhalten,
darfst dich in MICH hinein zurückatmen.
In diesem Ein und Aus
wächst du in MEINE Geborgenheit
und verbindest durch dich die ganze Schöpfung
mit MIR,
du, MEIN Ebenbild.

Gnade und Fülle atmen in dir,
oh Mensch!
Das eine schöpft aus dem anderen.
Verströme dein volles Maß in die Schöpfung,
damit durch dich Erfüllung und Begnadung sei.
So wird MEIN göttlicher Atem durch dich
alle Kreatur befruchten.
In deinem Einatem
wird dir die Weite der Schöpfung begegnen.
In deinem Ausatem
wiegst du mit leisem Hauch das ganze All
und rührst MICH an,
du, MEIN Ebenbild.

Öffne deine Sinne,
dass du die Belebung MEINES Lebenshauches
verspürst.
MEINE Weisheit atmet in dir.
In jedem Einatem schöpfst du
aus der Fülle MEINES göttlichen Lebens;
in jedem Ausatem schenkst du dich
hinein in MEINE Schöpfung.
Empfange und schenke weiter,
du, MEIN Ebenbild

Oh Mensch!
Gehe in den Klang der Vögel,
in das Rauschen der Blätter,
in das Wiegen des Grases! –
Gehe durch den Lärm der Motoren,
das Krachen der Maschinen,
das Klappern der Hufe! –
Alles ist Bewegung,
Lebenshauch MEINER Schöpfung,
die dir geschenkt ist.
Sie ist dir anvertraut,
dir, MEINEM Ebenbild.

Wegspuren

Oh Mensch,
du vermagst in jedem Augenblick mit MIR zu sein,
wenn du auch nur ein klein wenig bereit bist,
dich MIR zu öffnen.
Erneuere deine Gewissheit an das Gute in MIR.
Vertraue auf deine Fähigkeit,
MEIN Licht zu schauen,
MEINE Wahrheit zu hören
und deinen Weg zu finden,
wenn ICH MICH dir offenbare.
Schaust du in die Mitte deines Herzens,
werden zur rechten Zeit deine Lebensantworten
auftauchen.
ICH, deine göttliche Weisheit, atme in dir,
du, MEIN Ebenbild.

Höre nie auf zu suchen,
bis du fündig wirst.
Wenn du findest,
wirst du jubeln,
strahlend in den Reichtum Gottes eintreten.
Hast du ihn erreicht,
wirst du den Frieden des Herzens entdecken. –
Oh Mensch,
der Reichtum Gottes ist nicht irgendwo,
er ruht in dir.
Wenn du dich kennst, wirst du fündig.
Lerne dich selbst erkennen,
und du wirst entdecken, dass du MEIN Sohn,
Gottessohn,
MEINE Tochter,
der Gottheit Tochter bist.
Freue dich,
du, MEIN Ebenbild.

Jeder Tag ist dir geschenkt,
so diene neu den Menschen
und der ganzen Schöpfung.
Mache dich auf nach innen
und lausche MEINER sanften Stimme.
Suche die Antwort nicht draußen,
sondern immer in MIR in dir.
Alles ruht innen,
was du wissen musst.
Sei still
und folge der Bewegung deines Herzens,
dort begegnest du MEINEM Frieden
und alles andere wird dir hinzugegeben werden.
Merke auf und wisse:
Der ICH BIN in dir,
ist GOTT,
du, MEIN Ebenbild.

ICH bin
für deine Erkenntnis unauslotbar.
Sie öffnet nur ein Tor,
MICH zu erahnen.
MEINE Gegenwart ist lautlos
in Raum und Zeit,
unsichtbar
und kann nicht dargestellt werden.
Deine Sehnsucht schmilzt
in der fassungslosen Liebe,
mit der ICH dich, oh Mensch, umfange.
Du spaltest dich ab,
wenn du MICH, deinen GOTT, suchst.
Du kannst MICH nicht außerhalb finden!
So finde dich
und du wirst mir begegnen,
du, MEIN Ebenbild.

Mache dich auf den Weg in deinen Kerngrund,
in dein Innerstes.
Dort begegnest du MIR unverhüllt
von deinen eigenen Schleiern.
Was nützt es dir,
wenn du dich allem andern zuwendest
und solche Umwege machst, MIR zu begegnen.
Die ganze Schöpfung sind Facetten deines
Spiegelbildes.
Lerne dich in ihnen erkennen
und du begegnest MIR, deinem GOTT.
Freue dich auf dieser Reise,
du, MEIN Ebenbild.

Oh Mensch,
begreife,
es ist etwas in dir,
das mit MIR, deinem GOTT, verwandt ist.
In diesem Einmaligen und Kostbaren atmest du,
bewegst dich
und bist du.
Wenn ICH in der Weisheit deines Herzens
in diesem Etwas aufleuchte,
erfährst du bergende Ruhe
und tiefsten Frieden.
Gehe durch den Klang deines Herzenswortes
und folge der Lichtspur deiner Hingabe,
du, MEIN Ebenbild.

Oh Mensch,
was suchst du Wege?
ICH bin der Weg!
Du schreitest auf ihm.
Erkenne MEINE Spur in deiner Spur.
Siehst du, wie deine Fußstapfen aufleuchten,
wenn du dich ausrichtest nach MEINER Weisheit.
ICH bin eine Leuchte deinem Fuß
und ein Licht auf deiner Spur.
Gehe und lausche auf den Klang deiner Schritte.
Du hörst im Wechsel die Antwort auf
deine Lebensfrage,
du, MEIN Ebenbild,
wandelndes Gefäß MEINER Gnade.

ICH öffne dir die Augen,
dass du die Schönheit MEINER Schöpfung erkennst.
Dir ist es geschenkt zu entdecken,
was ICH offenbare.
Warum suchst du an so vielen Orten nach
Erkenntnissen?
Die Fülle MEINER göttlichen Weisheit ruht in dir.
Du wirst finden,
wenn du mit den Augen deines Herzens schaust.
Freue dich,
du, MEIN Ebenbild!

MEINE göttlichen Energien umgeben dich
von allen Seiten,
geleiten dich durch Raum und Zeit.
Sie sind Boten der Zeitlosigkeit,
Lichter auf deinem Weg.
Anfangshaft mit dir verbunden,
leuchten sie auf in deinem Herzen.
Lausche nach innen
und du verstehst ihre engelhafte Sprache,
du, MEIN Ebenbild.

Oh Mensch,
Wenn die Elemente toben,
Wirbelstürme
alles in die Lüfte heben,
Wasserfluten
jede Senkung überschwemmen,
Feuerbrände
rasend die Geborgenheit verzehren,
Festgefügtes
bebend in Bewegung setzen,
dann bewahre du in dir
die Stille,
bis das Toben sich beruhigt,
und ein Strahl des Taborlichtes
von neuem deinen Fuß berührt,
dir die Spur des Weges zeigt,
die dich weiterführt!
dich, MEIN Ebenbild.

ICH bin im Kern deiner Mitte
und erfülle dich von innen.
Wenn du außen suchst,
gehst du einen Um-Weg zu MIR.
Du umgehst MICH.
Auch so wirst du MICH allmählich finden,
denn die Kraft, die dich bewegt,
ist Leben.
Folge ihrer Spur
und du begegnest deiner Seele.
Sie ist MEINE Belebung für dich.
In ihr erfährst du MICH,
du, MEIN Ebenbild.

Bist du auf MEINEM Weg,
schaue nicht auf ein Ziel.
ICH bewege dich
in deiner Lebensrichtung
und berge dich
in der Spur, auf der du gehst.
MEIN Licht leuchtet
hinter dir
voraus.
Folge nach,
du, MEIN Ebenbild.

Tore zu Gott

Wenn du siehst,
schaue durch den Blick deiner Augen.
Wenn du hörst,
lausche durch den Klang in deinen Ohren.
Wenn du sprichst,
vernimm das Wort hinter deinem Wort.
Siehe, das Tor ist weit und offen.
ICH, dein GOTT,
bin bereit,
dich zu empfangen.
Verneige dich tief vor der Mitte deines Herzens.
Dort wirst du mir begegnen,
du, MEIN Ebenbild!

Die Schätze MEINER Gnade
sind in deinem Herzen verborgen.
Du hast den Schlüssel zum Tor deines Herzens
in deiner Hand.
Was zögerst du, das Tor zu öffnen?
Fühlst du dich kraftlos,
lege deine Hand in MEINE Hand,
dass ICH durch deine Hand
die Türe aufschließe,
du, MEIN Ebenbild.

ICH habe dich, oh Mensch, aus MEINER Mitte
geschöpft.
Du bist die Krone MEINER Schöpfung
und alle Geheimnisse
dieser MEINER Schöpfung ruhen in dir. –
Was zögerst du,
in deine Mitte einzutauchen
und dich ganz frei zu geben.
Du öffnest damit das Tor zu MIR
und kannst dich von MEINER Liebe ganz
umfangen lassen,
du, MEIN Ebenbild!

Was wartest du auf MEINE Offenbarung?
ICH habe dich berührt im Staub der Erde,
in der Wärme des Feuers,
in der Kühle des Wassers,
in der Bewegung der Luft.
Warum suchst du im Ideal deines Denkens?
Schau,
die Liebe einer einzigen Frau
hat MICH dir geboren.
Du darfst bei MIR verweilen von Angesicht
zu Angesicht,
oh Mensch,
du, MEIN Ebenbild!

Was suchst du MICH?
Vergebens!
Du kannst MICH nicht finden.
Du jagst Bildern nach, die dich ausfüllen.
Die Abbilder von MIR sind Fallen,
die dich fesseln.
Falle durch die Bilder hindurch
und ICH empfange dich
in MEINER Geborgenheit. –
Du wirst entdecken,
dass du gefunden bist,
ehe du suchst,
denn ICH bin in dir,
du, MEIN Ebenbild!

Oh Mensch,
du suchst MICH.
Die göttlichen Bilder deiner Ahnen vergilben,
beleben die Mitte deines Herzens nicht mehr.
Lasse sie fahren!
Sie haben ausgedient.
Werde achtsam,
was ICH, dein GOTT, in dir bewege
und gib dieser Berührung neu Ausdruck.
Wisse, was dich anrührt,
trifft den Kern deines Wesens.
Du brauchst dich nur zu öffnen.
ICH, deine göttliche Weisheit, werde dich
schon finden,
du, MEIN Ebenbild.

Begreife!
Es ist alles nach MEINEM Bilde geschaffen.
ICH bin das In-Bild des Kosmos
und nehme Gestalt an in Raum und Zeit.
MEINE göttliche Wirklichkeit
Leuchtet hinter den Erscheinungen.
Sie sind Durchgang,
Eingangstore in MEINE Fülle.
Wie trittst du in Erscheinung,
du, MEIN Ebenbild?

Erschaue MEIN Leben
in deinem Leben.
Erlausche MEINEN Klang
im Gesang deines Herzens.
Erspüre MEINEN Weg
in deinem Gehen.
Ertaste MEINE Berührung
in deiner Zärtlichkeit.
Erblicke MEIN Licht
in den Konturen deiner Alltagsschatten.
Öffne MEINER Liebe ein Tor,
du, MEIN Ebenbild.

Gegenwart

Du darfst ganz in MIR ruhen,
voller Hoffnung.
MEINE Geisteskraft erfüllt dich durch und durch.
Was zögerst du?
Du kannst in jedem Augenblick
einstimmen in MEINE Gegenwart,
bedingungslos.
ICH bin da, dich zu empfangen.
Gib dich frei,
so wie du bist,
jetzt!
In MIR ist unendlich viel Raum,
auch für dich.
ICH werde nie aufhören, um dich zu werben!
Vergiss es nicht,
du, MEIN Ebenbild.

Warum suchst du MICH,
wenn ICH dir sage: »ICH bin da!«
Warum willst du MICH anders haben,
als ICH MICH dir jetzt offenbare?
Wie gehst du doch weit weg in deinem Suchen!
ICH bin ganz einfach,
wenn ICH da bin.
Im Mehrfachen findest du MICH nicht.
Falte deine Wünsche ein
und du bist MIR, deinem GOTT, begegnet,
bevor du es bemerkst,
weil du ein-fach
und ein-fältig geworden bist.
Freue dich und staune,
du, MEIN Ebenbild.

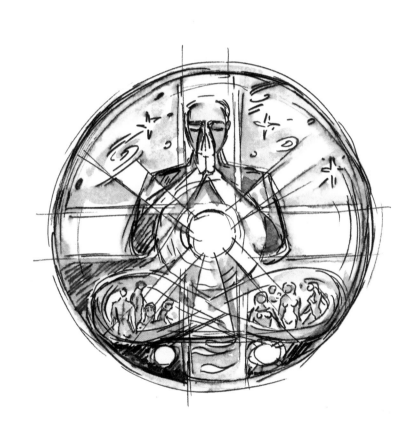

Sammle dich aus deiner Mitte
in die Mitte MEINER göttlichen Liebe.
Es gibt nichts, was dich von MIR trennen kann.
Trennungen sind Nebelhüllen,
mit denen du dich, oh Mensch, umgibst.
Lichte sie in deinem Herzenswort,
damit sein Klang alle Schleier sprengt,
und ICH, dein GOTT, durch dich
hindurchleuchten darf,
du, MEIN Ebenbild.

ICH bin für deine Erkenntnis unauslotbar.
Deine Einsichten öffnen nur das Tor,
MICH zu erahnen.
MEINE Gegenwart ist lautlos,
in Raum und Zeit unsichtbar
und kann nicht dargestellt werden.
Deine Sehnsucht schmilzt
In der fassungslosen Liebe,
mit der ICH dich, oh Mensch, umfange.
Du spaltest dich,
wenn du MICH, deinen GOTT, suchst.
Du kannst MICH nicht außerhalb finden,
weil ICH schon immer eins mit dir bin.
So finde dich,
und du wirst MIR begegnen,
du, MEIN Ebenbild.

Du hast eine Grundausrichtung in deiner Seele,
die durch alles hindurch für MICH,
deinen GOTT, empfänglich ist.
Es gibt nichts,
das dir so nahe ist wie ICH.
ICH bin dir näher, als du dir selber bist.
Dein Sein, oh Mensch, ruht darin,
dass MEINE Gegenwart dich erfüllt.
Wie spürst du MICH,
du, MEIN Ebenbild.

Du kannst nicht aus MEINER göttlichen Gegenwart
fallen,
auch wenn du durch die Galaxien des Weltalls
stürztest
und außerhalb aller Kreatur.
Alles, was ist,
bleibt vom Geheimnis MEINER göttlichen Liebe
umfangen.
Von allen Seiten umgebe ICH dich.
Mensch, wie kannst du da herausfallen?
Auch wenn du stürztest
in die Umnachtung deiner Seele.
Wohin?,
Doch nur in die Umarmung MEINER göttlichen
Weisheit.
Also fliege durch alle Dimensionen dieser Welt
und du wirst MIR, deiner Gottheit, begegnen,
du, MEIN Ebenbild.

Oh Mensch!
Freue dich an der Ausweglosigkeit deiner Wege
durch Raum und Zeit.
Da, wo du nicht mehr weiterkommst,
erwarte ICH dich mit MEINER göttlichen Gegenwart.
Dein Endpunkt ist der Anfangspunkt
MEINER Weisheit.
Trenne Ende und Anfang nicht!
Verbinde,
du, MEIN Ebenbild!

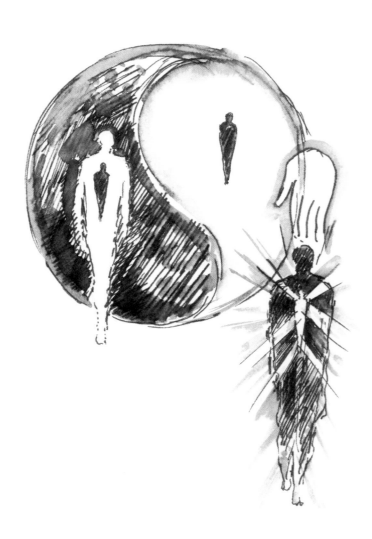

ICH überrasche dich da,
wo du MICH erwartest,
und da,
wo du MICH fliehst.
ICH kenne die Kammern deines Herzens,
die du verschließest.
Der Schlüssel liegt in deiner Hand,
um zu öffnen.
Stecke ihn ein
und ICH helfe dir drehen.
Wenn sich die Türe öffnet,
staune,
wie ICH dir im Raume deines Herzens begegne,
du, MEIN Ebenbild.

Oh Mensch!
Wie betrachtest du begeistert
die Erscheinungen in Raum und Zeit!
Täusche dich nicht,
wenn du sagst: »So ist es!«
Es ist immer nur »auch so«!
ICH überrasche dich
im Anderssein MEINER Schöpfungsgeheimnisse,
wenn du sie von innen anschaust.
Wie erlebst du dich von innen,
du, MEIN Ebenbild?

Berührung – Einwirkung

MEINE zarten Berührungen
lassen dich in deinem Wesen erzittern.
MEINE warmen Blicke
weichen die Krusten deiner dunklen Seiten auf
und lichten deine Schatten.
Der Klang MEINES liebenden Wortes
durchtönt deine Seele.
MEINE Schritte auf dich zu
machen dir Mut, ganz Mensch zu werden.
MEIN Ja trotz allem
lassen dich ganz Mensch sein.
Freue dich,
du, MEIN Ebenbild.

Du darfst aufwachen,
oh Mensch!
Jeshua ist zurückgekehrt aus Raum und Zeit.
MEINE göttliche Weisheit wirkt in dir.
Du schaust immer noch in das leere Grab,
oder gen Himmel
und wartest.
Tritt doch ein in die Krypta deines Herzens
und du spürst,
wie ICH dich bewege in MEINEM göttlichen Funken.
Trittst du wieder hervor,
leuchtest du augenblicklich auf
im verklärenden Taborlicht,
du, MEIN Ebenbild.

Oh Mensch,
ICH locke dich in die Festigkeit MEINER Kraft,
dass du die Bewegungen MEINER Geist-Einwirkung
erträgst
und der Innigkeit MEINER Berührung standhältst.
MEIN Liebesstrom durchflutet dich
in allen versteckten Furchen deines Lebens,
in deinem ganzen Menschsein.
Was zögerst du,
dich von der Wucht MEINER Geist-Einwirkung
überschwemmen zu lassen?
Brich deine Abwehrdämme auf,
damit du durchtränkt wirst
vom Strom MEINER göttlichen Gnade,
du, MEIN Ebenbild.

Oh Mensch,
ICH habe dich berührt
aus der Fülle MEINER göttlichen Kraft.
Du kannst künftig nicht mehr ausweichen.
MEINE Berührung hat Kain-Wirkung.
Sie schont,
verschont dich vor Eingriffen.
Jetzt sind MEINE mütterlichen Arme weit offen,
dich zu empfangen.
Du darfst umkehren in MEINE Geborgenheit.
Befreie dich aus deiner Jetztverhaftung
in den Neuanfang
und folge der Lichtspur
des Christusgeistes in dir,
du, MEIN Ebenbild!

Oh Mensch,
siehst du auf deinem Weg in MEINE Wirklichkeit
auch keine Fortschritte,
so bewegst du dich doch weiter,
wenn du dich von deinem Herzen bewegen lässt.
ICH, dein GOTT, trage dich in MEINEN Armen.
Daher empfindest du das Gehen nicht,
weil du in MEINEM Schrittmaß geborgen bist.
ICH bin der Wirkende
im Kern deines Wesens.
Was sich dort formt,
ist den äußeren Sinnen schwer zugänglich.
Darum überlasse dich MEINEM Wirken,
dass ICH dich von innen her weitergestalte,
du, MEIN Ebenbild.

Oh Mensch,
betrachte mit dem Auge des Herzens deine Krisen.
Sie führen dich in die Entscheidung,
die Entscheidung bedrängt dich.
Spürst du, was dich drängt?
In der drängenden Kraft
ist MEIN göttlicher Impuls verborgen
und sucht Erfüllung.
In deiner Erfüllung
begegnet dir die Fülle MEINER göttlichen Gnade.
Begreifst du,
du, MEIN Ebenbild.

MEIN Wirken richtet sich nach deiner Bereitschaft
und Empfänglichkeit.
Du darfst alles lassen und freigeben,
auch das Lassen noch lassen.
In diesem Zu-nichts-Werden deiner Anhaftungen
wirst du einsam in der Leere deines Herzens,
ein Same,
der in die Fülle MEINER göttlichen Liebe hinein-
wächst.
Entfalte dich weiter,
du, MEIN Ebenbild.

MEINE göttlichen Energien umströmen dich
im Glanz MEINER Lichtwesen,
Schöpfungsgeheimnisse,
die deinen Weg begleiten
und dir Weisung geben.
Du erlebst sie als Feuersäule
und als dunkle Wolke,
als liebende Wesen
und als klärende Herausforderung.
Achte auf diese MEINE göttliche Einwirkung
und lerne sie unterscheiden,
` damit du Antwort geben kannst,
du, MEIN Ebenbild.

Oh Mensch!
Was rechtest du,
wenn die Berechnung deiner Lebenspläne
nicht aufgeht?
Siehe,
ICH BIN der ungelöste Rest deines Lebens!
Er bringt dich zum Erzittern.
MEINE Wahrheit ist darin als Hoffnung verborgen.
Ergreife,
was du noch nicht begreifst,
du, MEIN Ebenbild.

ANTWORT

Gott,
ich habe gewagt, mich zu öffnen,
als die Wasser über die Felsen fielen.
Gott,
ich habe gewagt zu lauschen,
als das Tosen die Ohren füllte.
Gott,
ich habe gewagt, standzuhalten,
als der ewige Rhythmus des unendlichen Klanges
an meinem Standort vorbeifloss.
Gott,
ich tanze den Reigen des Friedens
in DEINER Umarmung
mit allen Geschöpfen,
ich, DEIN Ebenbild.

Oh Mensch,
wenn die Elemente toben,
Wirbelstürme
alles in die Lüfte heben,
Wasserfluten
jede Senkung überschwemmen,
Feuerbrände
rasend die Geborgenheit verzehren,
Festgefügtes
bebend in Bewegung setzen,
dann bewahre du in dir
die Stille,
bis das Toben sich beruhigt
und ein Strahl des Taborlichtes
von neuem deinen Fuß berührt.
Betrachte so die Spur des Weges,
die dich weiterführt!
Du, MEIN Ebenbild.

Oh Mensch,
wie betrachtest du begeistert
die Erscheinungen in Raum und Zeit!
Täusche dich nicht,
wenn du sagst: »So ist es!«
Es ist immer nur »auch so«!
ICH überrasche dich
im Anderssein MEINER Schöpfungsgeheimnisse,
wenn du sie von innen anschaust.
Wie erlebst du dich von innen,
du, MEIN Ebenbild?

Tanz und Spiel

Weißt du, wie ICH dich suche?
ICH schaue MICH in dir,
wie in einem Spiegel.
Bist du klar oder trübe?
ICH nehme dich, oh Mensch, ganz ernst
und lache, wie du, MEIN Geschöpf,
MICH, deinen GOTT,
oft verzerrt und verschroben widerspiegelst.
ICH tanze mit dir dein Lebensspiel
und überlasse dir auf der Bühne der Welt die Führung
für das, was ICH wirke.
ICH freue MICH,
weil du MEIN Ebenbild bist.

Oh Mensch!
ICH tanze mit dir den Reigen des Lebens.
Kreis um Kreis verbindet sich
mit der Fülle der Schönheit,
die in dir verborgen ist.
Heilende Bewegung
aus der Klarheit des Lichtes
öffnet die Krusten deines Leibes
und schmilzt die fesselnden Seile
deiner Vergangenheit.
Aufbruch in die Hoffnung
leuchtet als Freiheit der Erlösten.
Tanze mit MIR dein Leben,
du, MEIN Ebenbild.

ICH tanze mit dir den kosmischen Reigen
und wiege dich in Raum und Zeit hin und her.
In jedem deiner Schritte entfaltest du
Vergangenheit und Gegenwart
und tauchst schon ein
in die Bereitschaften der Zukunft.
Empfange die Fülle der Liebe,
dass in der Begegnung mit deiner Schwester
und mit deinem Bruder
die Syntonie der ganzen Schöpfung aufleuchtet,
du, MEIN Ebenbild.

Kennst du MEIN göttliches Spiel?
Es sind die Offenbarungen
MEINER Schöpfungsgeheimnisse,
es ist das Aufblitzen des Mysteriums
MEINER göttlichen Liebe
in Raum und Zeit.
Feierst du Liturgie,
so dienst du in Freude diesem Spiel MEINER Hingabe,
wenn du dich begeisterst
im Vollzug des verborgenen Geschehens.
MEIN göttliches Spiel ist das Offenbarwerden
MEINER Offenbarungen.
Warum versteckst du dich immer wieder
hinter der Bühne,
du, MEIN Ebenbild.

Quelle und Fluss

Begreife,
dass ICH dich von Natur aus gut geschaffen habe,
und diese MEINE Güte im Tod und
in der Auferstehung
JESHUAS
für alle Ewigkeit besiegelt ist;
auch in dir,
du, MEIN Ebenbild.

ICH bin der fließende Brunnen deines Herzens,
abgründig und tief.
Schaust du in MICH hinein,
bin ICH hell und klar
an den Kontaktstellen deiner Augen.
Je tiefer du in MICH hineinblickst,
desto abgründiger erscheine ICH dir.
So tauche in MICH hinein und du erkennst,
dass ICH von oben bis unten
das gleiche Lebenswasser bin.
Was hält dich davon ab,
den Sprung zu wagen?
ICH, dein GOTT, habe dich aufgefangen,
bevor du ankommst,
du, MEIN Ebenbild.

ICH schenke dir diesen Augenblick,
jetzt.
Du darfst die ganze Fülle MEINER Geborgenheit
leben,
die dir entgegenströmt
aus dem unfassbaren Schatz
MEINER göttlichen Energien.
Achte darauf,
wie ICH dich in MEINEM Lebenshauch
nach allen Seiten bewege.
Täusche dich nicht,
wenn du sagst: Ich lebe, ich begegne!
Du, oh Mensch, schöpfst in jedem Augenblick
aus MEINER Gegenwart
und verteilst deinen Schwestern und Brüdern.
Staune,
was aus dir weiterfließt,
womit ICH, dein GOTT, dich zuerst beschenkt habe,
dich, MEIN Ebenbild.

ICH bin bergender Trost
im Labyrinth der Verlassenheit,
Geborgenheit, die du umkreisest.
Merke auf und du entdeckst,
dass MEINE Liebe als roter Faden
in deinen Irrungen aufleuchtet.
Folge ihm und er führt dich
in die Mitte MEINER Barmherzigkeit.
Verweigerst du dich,
umspinnst du dich wie einen Kokon.
In jedem Augenblick
kannst du dich wieder ent-wickeln.
Zwischen den Fäden leuchtet MEIN bergendes Licht
und sprudelt die Quelle MEINER Lebenswasser.
Gehe und schöpfe,
du, MEIN Ebenbild.

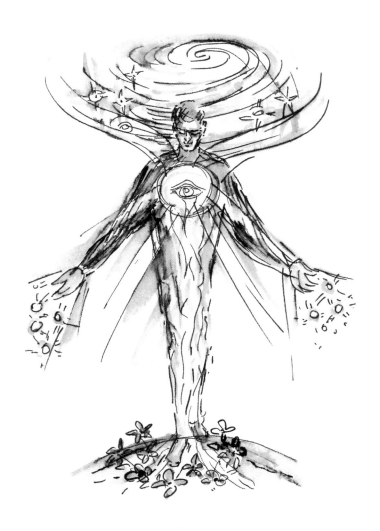

Senke dich in die Gegenwart des Augenblicks.
Lasse die Verkettungen nach rechts und links,
nach vorne und hinten,
nach oben und unten fallen!
Gib Vergangenheit und Zukunft frei
und schöpfe aus der Fülle MEINER Quelle,
die jetzt in dir fließt.
Du hast unendlich mehr zu verschenken,
als du zu schöpfen vermagst.
Worauf wartest du,
du, MEIN Ebenbild.

Schöpfe aus dem Fluss der Lebensquelle
und verteile allen Bedürftigen.
MEIN Lebensstrom versiegt nicht
und wartet auf die Dürstenden.
Er braucht deine Hände,
dass du weiterschenkst,
was du empfangen durftest.
Was zögerst du?
ICH, dein GOTT, bin die Quelle,
du bist das Maß, welches teilt,
du, MEIN Ebenbild.

Der Fluss des Lebens strömt aus MEINER Fülle
hinein in deine Mitte.
Sammle seine ganze Kraft
im Licht-Keim deiner Seele
und lasse sie aufblühen in der Anmut
deiner Schönheit,
verwoben mit tausend Fäden deiner Erdengeschwister:
Menschen, Pflanzen, Tiere, Steine;
vernetzt mit allen Sternbildern und Planeten,
mit allen Welten hinter den Welten und
ihren Engelwesen.
Oh Mensch!
Spürst du die Dichte MEINER göttlichen Fülle
im Tabernakel deines Herzens,
du, MEIN Ebenbild.

ICH begegne dir
nach deinem Maß der Empfangsbereitschaft.
Je entleerter, offener dein Herz ist,
umso größer ist sein Platz für MEINE Fülle.
Du wirst dich erschöpfen
im Schöpfen aus MEINER Fülle
und kannst immer wieder neu mit der ganzen
Schöpfung teilen
in jeder Situation deines Lebens.
Steige hinab in den Quellgrund
MEINER unendlichen Liebe
und empfange,
du, MEIN Ebenbild.

Gabe und Maß

Der Urrhythmus des All-Tages in Raum und Zeit
ist Empfangen und Weiterschenken.
Die Mitte dieses Geschehens bist du, Mensch.
Du darfst bitten,
weil du den Mangel erkennen kannst.
Ohne Mangel ist kein Raum, um zu geben.
Du bist gerufen zu empfangen,
was du erbittest
und weiterzuschenken,
was dir gegeben wird,
damit durch dich Fülle sei.
Was zögerst du,
diese deine Aufgabe
zur Gabe für deine Erdengeschwister,
für MEINE ganze Schöpfung werden zu lassen,
du, MEIN Ebenbild!

Was streitet ihr um die letzte Wahrheit.
Merkst du,
wie diese Auseinandersetzung die Wahrheit tötet.
Sie ist zum Götzen geworden,
der die Liebe zwischen euch gefrieren lässt.
Die entliebte Wahrheit kreuzigt immer noch
ohne Unterbruch,
teilt und teilt ...
Du bist doch Bruder und Schwester,
also verbinde,
du, MEIN Ebenbild.

Du hältst gewaltige Räume
in deinem inneren Kosmos zusammen.
ICH gebe dir alle Einsicht,
mit ihnen umzugehen,
damit durch dich
neue Welten entstehen
und vergehen.
Gib frei,
was in dir verlöscht ist,
dass dein Licht in neuer Gestalt
aus der Dunkelheit aufleuchten darf.
Du wandelst und gestaltest
in MEINER Kraft
die Welten in deinem Innern
und lässt sie sichtbar werden
im Außen,
du, MEIN Ebenbild.

Schau und spüre,
wie dich MEINE Liebe berührt
im Wechsel deiner Lebensalter.
Du bestimmst das Maß
im Zwischen von Raum und Zeit,
im Zwischen der Begegnungen
mit deinen Schwestern und Brüdern,
im Zwischen der Schöpfungsgeheimnisse und dir.
ICH, dein GOTT, bin die Fülle,
das Maß aller Maße
und gleiche aus.
Du darfst schöpfen und verteilen,
du, MEIN Ebenbild.

MEINE göttlichen Energien bewegen dich
im Rhythmus der Zeitdimension,
dehnen dich im Raum,
setzen den Punkt
in der Zeit.
Richte dich aus
in die Geborgenheit der Weite
und freue dich
an der Fülle der Beschränkung,
die dir dein persönliches Vermögen schenkt.
Was suchst du im Über-Maß,
wenn dich die Genügsamkeit berührt,
du, MEIN Ebenbild?

Hörst du in deinem Ohr MEIN Wort,
das dich frei macht?
Vernimmst du in deiner Seele die Botschaft,
die dich herauslockt?
Schaust du den göttlichen Funken MEINES
Lebenslichtes,
der in deinem Auge aufleuchtet?
Freue dich an MEINEM Klang in deinem Herzen,
der dich erfüllt.
ICH schenke dir einen Rhythmus unter deine Füße,
der dich bewegt in Raum und Zeit.
Schenke MIR eine Tat,
du, MEIN Ebenbild.

MEINE kosmische Liebe durchflutet die Fülle
der Schöpfung.
Du bist getragen von ihrem Strom
und leuchtest auf als Tat in Raum und Zeit.
In ihr wirst du Gabe für deine Erdengeschwister.
Fühlst du die Geschenke,
die in dir ruhen
und warten bis du erwachst und verteilst?
Du darfst deine Hände öffnen
und MEINE Gnade fließen lassen,
du, MEIN Ebenbild.

Schönheit und Hüllen

ICH bin die Festigkeit im Flüchtigen
und die Klarheit in der Bewegung.
Erfasse MICH,
wenn ICH ankomme,
Mensch!
Tritt ein in MEINE Gegenwart
durch das Tor MEINES Odems.
Was hindert dich Stand zu halten,
wenn ICH vorübergehe?
Warum versteckst du dich
hinter deinen Mauern und Feigenblättern,
die schon lange zerfallen sind?
Tritt hervor und zeige dich,
du, MEIN Ebenbild.

Oh Mensch,
ICH bin Licht, das aufleuchtet
vom Aufgang der Sonne bis zum Untergang.
Siehst du,
wie ICH deinem Schatten Konturen gebe,
damit du MICH in MEINEM Lichte erkennst.
Was zögerst du,
deine Hüllen fallen zu lassen,
dass du in der ursprünglichen Schönheit
deiner Gotteskindschaft erstrahlst,
du, MEIN Ebenbild.

Du bist eine Blume in MEINER Schöpfung,
leise in der Öffnung,
strahlend in deiner Offenheit.
Durch dich strömt der Hauch MEINES
göttlichen Atems.
Du leuchtest auf im Glanz MEINER Fülle.
Oh Mensch, Abbild MEINER Schönheit,
weißt du, welche Blume du bist?
Wann beginnst du zu blühen,
du, MEIN Ebenbild.

Oh Mensch,
Trauer, Angst und Bangen hast du geschaffen
aus MEINER Kraft,
die ICH dir geschenkt habe.
Wie bist du eng
in deinem kleinen Ich,
dass du dich habgierig an Hüllen klammerst
und deine Mitte verlierst.
Sie verschleiern deinen Blick.
Lasse deine neuen Feigenblätter fallen,
dass du umkehren kannst
und die ursprüngliche Schönheit deines Menschseins
im Auferstehungslicht Jeshuas leuchten darf.
Dann staune,
du, MEIN Ebenbild.

ICH habe dich anfangshaft gestaltet.
Du bist das wunderbarste Kleinod
MEINER Schöpfung,
in deinem Kernwesen strahlend rein.
Du darfst deine verhüllenden Gesichtsmasken
ablegen,
damit dein ursprüngliches Antlitz aufleuchtet.
ICH, dein GOTT, freue MICH,
dass sich die Schönheit
deines Angesichtes in MEINEM spiegeln wird.
Betrachte MICH in der Fülle
deines strömenden Lebens,
du, MEIN Ebenbild.

MEINE ganze Schöpfung blüht auf in dir.
Ich sehe die Schönheit,
die in dir Gestalt annehmen will.
Bist du bereit,
MEINER Fülle immer wieder neu
auf deine Art Ausdruck zu geben?
Worauf wartest du?
ICH habe die Kraft,
deine selbstgeschmiedeten Schlösser zu sprengen,
in dein Herz gelegt.
Wann öffnest du dich der Wucht MEINER
Geisteinwirkung,
damit fließt, was eingeschlossen ist,
du, MEIN Ebenbild.

ICH wecke dich auf
in der Gruft deines Herzens.
Lasse die Hüllen fallen,
in denen du dich eingewickelt hast.
MEIN Licht geht in die Mitte deiner Existenz
und wandelt dich in deinem ganzen Menschsein.
Spürst du den Blitz,
der das Siegel deiner verschlossenen
Herzenskammer spaltet.
Du darfst antworten,
wenn ICH, dein GOTT, dich frage:
Wo bist du,
du, MEIN Ebenbild?

Die Fruchtbarkeit der Erde
belebt dich,
lässt dich aufblühen
in der Einzigartigkeit deiner Schönheit.
Versöhnst du dich
mit deinen Beschränkungen
in Raum und Zeit,
findest du die Spur
in MEINE Menschwerdung
und entdeckst,
dass ich dir durch MEINE göttliche Weisheit
Bruder und Schwester geworden bin,
du, MEIN Ebenbild.

Geborgenheit

ICH habe den Kern deines wahren Selbst
nie von MIR getrennt.
Weil du MIR, deinem GOTT, ganz ähnlich bist,
umfängt diesen Kern MEINE Geborgenheit.
Darum verweile in jedem Augenblick
in der einen Wirklichkeit:
Du in MIR, ICH in dir,
du, MEIN Ebenbild.

Oh Mensch,
du bist festgegründet in MEINER Schöpfung.
Die Zeit rollt, der Raum weitet,
der Kosmos wandelt sich.
Du ruhst auf der Erde,
offen in die All-Wirklichkeit,
ausgerichtet in deiner Leibgestalt
auf MEINEN Urgrund hin.
Und jetzt,
was antwortest du MIR,
wenn MEIN göttliches Geheimnis
dich in MEINER Umarmung berührt,
du, MEIN Ebenbild?

MEINE Abwûn-Kraft
erkennt den inneren Klang deines Herzens
und umfängt dich voll Erbarmen
in mütterlicher Geborgenheit.
Denn du, oh Mensch, bist erbarmenswürdig,
würdig des Erbarmens
MEINER versöhnenden Liebe,
du, MEIN Ebenbild.

Oh Mensch,
du bist das Wunderwerk MEINER Schöpfung,
Kosmos im Kleinen,
mächtig und zart.
Fühlst du die Geborgenheit
in der All-Verbundenheit,
wie dich der Klang der Sphärenharmonien
wiegt in Raum und Zeit;
wie dich der Riss der Lieblosigkeit
erschüttert;
wie dich die Trauer in der Trennung
tröstet;
wie dich die gemeinsame Naht der Versöhnung
besänftigt.
MEINE Flügel bergen dich in MEINE Wirklichkeit.
MEIN Hauch entschleiert deine Verlassenheit.
Du, oh Mensch,
öffne die Augen und schaue:
ICH, dein GOTT, trage dich in dein Lebensziel.
Wundere dich,
du, MEIN Ebenbild.

ICH berge dich in deinem Schweigen,
damit du den Klang der Stille hörst.
ICH berühre dich in deinem Gehen,
damit dich MEIN Urrhythmus durch
Raum und Zeit bewegt.
ICH trage dich in deinem Standpunkt,
damit du im Urgrund MEINES Seins verankerst.
Freue dich,
du, MEIN Ebenbild.

Wie fühlst du dich,
wenn du sprichst:
»Von allen Seiten umgibst du mich, oh GOTT!«,
oder wenn MEIN Engel seine Flügel um dich breitet?
Empfindest du den Schutz
MEINER göttlichen Geborgenheit?
Deine Sichtweise ruht in der Zeit.
MEINE Berührung fließt aus der Unendlichkeit
und sucht in dir Gegenwärtigkeit.
So verbindest du in dir Welt- und Jetztzeit
in der Antwort deines Herzens,
du, MEIN Ebenbild.

Oh Mensch,
freue dich!
Deine Zeit ruht in der Ewigkeit
und deine Unvergänglichkeit in der Zeit.
Von Augenblick zu Augenblick
darfst du dich wandeln lassen
in MEINER zeugenden Schöpfungskraft.
Merkst du, wie du gleichzeitig ruhst
in der bergenden Kraft MEINER Liebe?
Sammle dich aus dem Zwiespalt der Zerstreuung
in die Geborgenheit MEINES Friedens,
du, MEIN Ebenbild.

Hast du vergessen,
dass ICH in jedem Augenblick mit dir bin?
Wenn ICH dich berge in MEINEM Grund,
spürst du nicht,
wie ICH dich von allen Seiten umgebe?
Du träumst dein Leben
und schläfst in MEINER Geborgenheit.
In deinem Traum spielst du dein großes Welttheater,
Und hältst es für die einzige Wirklichkeit.
Wache auf und erkenne:
ICH, dein GOTT, umfange dich mit MEINER Liebe!
Freue dich,
du, MEIN Ebenbild!

Liebe

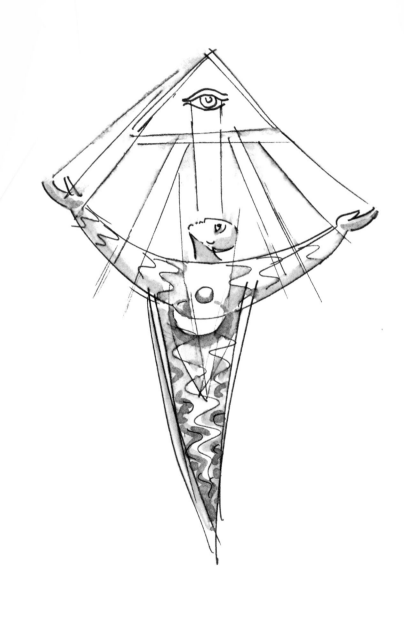

Oh Mensch,
dein Leib ist wie eine große Schale,
die sich einer Muschel gleich öffnet.
Wenn etwas unerwartet in die Nähe kommt,
schließt sie sich schnell
und öffnet sich dann vorsichtig wieder.
Höre MEIN Wort:
Halte dein Herz immer weit offen,
dass MEINE Liebe allezeit hinein- und
durchfließen kann;
lasse ein Sandkorn MEINER Liebe
in deinem Herzen zu einer Perle wachsen,
damit auch ICH für dich kostbar werde,
du, MEIN Ebenbild.

ICH umfange dich
in der Umarmung MEINER Geheimnisse.
Sinke ein
in das Meer MEINER Gnade.
Was zögerst du einzutauchen.
ICH habe die Wogen aufgerichtet.
Du kannst mit trockenem Fuß
in MEINEN liebenden Raum eintreten.
MEINE Arme sind weit geöffnet,
dich zu empfangen.
Was zögerst du zu gehen,
du, MEIN Ebenbild.

MEINE Barmherzigkeit
ist das Gnadenboot des Lebens.
Steige ein und rudere!
Was zögerst du?
Fällst du aus dem Boot,
landest du im Meer MEINER göttlichen Liebe,
du, MEIN Ebenbild.

Oh Mensch,
erkennst du die Schönheit deines Wesens?
In deinen Schwestern
begegnest du der Belebung MEINER mütterlichen
Geborgenheit.
In deinen Brüdern
begegnest du der Belebung MEINER väterlichen Kraft.
In deinem Menschsein
begegnest du beidem,
wenn du aufwachst im Christus-Bewusstsein
des Gottmenschen.
Begreife doch,
wie ICH dich liebe in deiner Liebe
und wisse:
MEINE unerschöpfliche Liebe liebt in der Liebe.
Oh Mensch erwache,
du Abbild MEINER Liebe!

Wenn du wirklich schaust,
siehst du den Fingerzeig,
der dich in deiner Tat-Liebe herausfordert.
Du brauchst keinen Meister, keine Führerin.
Die innewohnende Liebe leitet und begleitet dich.
Es ist MEINE Liebe in deiner Liebe.
Im Lieben sind wir eins wie der Kern mit der Frucht.
Es liegt in deiner Kraft zu schenken.
Die Tat liegt in deiner Hand,
wenn du begreifst,
du, MEIN Ebenbild.

Oh Mensch,
freue dich!
Die Liebe blüht zu jeder Jahreszeit
und lässt Tausende von Blumen sprießen
in deinem Seelengarten.
Pflücke und verteile,
dass sich deine Brüder und Schwestern
wie in einem Spiegel erkennen
und so das Urbild der Schönheit lobpreisen.
Es leuchtet auf in den Daseinsfarben
deines Menschseins.
Freue dich und staune,
du, MEIN Ebenbild.

Warum glaubst du an MICH?
Du klammerst dich an Worte,
Gedanken,
Gestimmtheiten,
Gefühle,
Empfindungen,
die sich im Umfeld
MEINER Atmosphäre bilden.
Sprich keine Worte!
Sei MEIN ewiges Wort!
Suche keinen Standpunkt!
Sei Standpunkt!
Lasse alle Gefühle
und sei Liebe,
MEINE Liebe in der Welt,
du, MEIN Ebenbild.

DANK

Viele Menschen haben mich immer wieder ermuntert, diese Worte als Wegimpulse aufzuschreiben. Sie mussten sich lange gedulden. Die Texte lassen sich nur in einer meditativen Grundhaltung begreifen und sind in ihrer schriftlichen Form all jenen zu verdanken, die in den letzten zehn Jahren unermüdlich an meine Türe geklopft haben.

Den folgenden Personen gilt ein besonderer Dank beim Zustandekommen des Buches: *Susan Hermann-Csomor:* In der Begegnung mit den Worten fanden durch sie die Texte eine bildliche Form, sie lässt Hintergründiges sichtbar werden. *Maria-Elisabeth Schelling-Gerber* bereinigte mit Sorgfalt und Geduld das Manuskript. *Winfried Nonhoff,* mein Lektor im Kösel-Verlag, verwob alle vorder- und hintergündigen »Fäden« zu einem Netz, damit dieses Buch erscheinen konnte.

Zu meiner Person

Ich bin in der Mitte der Schweiz geboren und aufgewachsen und wohne seit mehr als 25 Jahren mit Veronica, meiner Frau, in Adligenswil bei Luzern. Wir haben drei erwachsene Töchter. Meine philosophischen, theologischen Studien absolvierte ich an der Universität Luzern und Zürich. Die analytische Psychologie studierte ich am C.G. Jung-Institut, Zürich. In meiner beruflichen Tätigkeit arbeite ich auf drei Ebenen: in der Ausbildung von werdenden Psychotherapeuten als Dozent, Lehrtherapeut und Supervisor am C.G. Jung-Institut, als Psychotherapeut in eigener Praxis, als Begleiter von Menschen auf dem spirituellen Weg der abendländischen Kontemplation. In dieser Funktion bin ich auch in der Teamleitung von VIA CORDIS-Haus St. Dorothea, CH-6073 Flüeli-Ranft. Die vergleichende Religionswissenschaft in Hinblick auf den interreligiösen Dialog und die verschiedenen spirituellen und besonders meditativen Wege sind mir ein zentrales Anliegen in der Begleitung von Menschen. Die häufigen Übungstage in vielen Begegnungsorten des deutschsprachigen Raumes, um den kontemplativen Weg des Herzens zusammen mit Menschen verschiedener Glaubensherkunft zu vertiefen, fordern mich stets neu heraus, der Spur in das Geheimnis Gottes zu folgen.